Inhalt

Chinesisches Horoskop ... 6
Deutschlands Model-Mama ... 9
Miniröcke bleiben beliebt ... 10
Völlern bis zum Ende ... 11
Der erste Handyanruf der Welt ... 12
Exklusiv: 1973er Rezepte zum Download ... 14
Das geschah 1983, als du 10 Jahre alt warst: ... 15
Anlaufstation zur Unendlichkeit ... 16
Mißwahl unter der Akropolis ... 17
Hauptsache 1 Woche im Süden ... 18
Hippes Wohnen im Westen ... 19
Selbstbedienung wird zum Renner ... 20
Künstler erobern den Boden ... 21
Was 1973 sonst noch geschah ... 23
Was 1973 sonst noch geschah ... 24
Teamarbeit statt Fließband ... 25
Exklusiv: original Strickanleitung aus 1973 ... 26
Frauen nicht willkommen ... 27
Wer, wie, was? ... 28
Der Schlagerstar des Jahres ... 29
Ein Märchenroman erobert die jungen Leser ... 30
Netzausbau schreitet voran ... 32
Königliche Hochzeit live im TV ... 33
Exzentrisch funktionale Möbel ... 34
Werbung mit Stars und Irritationen ... 35
Fernsehspiel über Luftverschmutzung ... 36
7 Minuten Nacht statt Tag ... 37

Jazz-Legenden in Berlin 38
Solarenergie für den Privathaushalt 39
Komet entdeckt und fotografiert 40
Größtes Einkaufszentrum 41
Wohngemeinschaft statt Familie 42
Exklusiv: Vintage Pelzkappe zum Selbermachen 43
Schwedens neuer König 44
Ein Leben mit den Gänsen 45
Gegen Sexualkunde-Unterricht 46
Teufelsaustreibung in Hollywood 47
Weniger Alkohol im Auto 49
Das geschah 1993, als du 20 Jahre alt warst: 50
Fremde Früchte auf dem Vormarsch 51
Leckere Avocado-Rezepte zum Download 52
Start einer deutschen Kultserie 53
Vorbeugen ist besser als Heulen 54
Trimm Dich fit 56
Umstrittener Friedensnobelpreis 57
Schicke Maschen für jede Jahreszeit 58
Literatur-Jahresbestseller 1973 59
Download: Mütze und Schal aus 1973 60
Eklat bei Oscar-Verleihung 61
Lebenssinn in obskuren Sekten 62
Hits des Jahres 1973 63
Göttliches Treffen im Vatikan 64
Die beliebtesten Vornamen 65
Prominente Geburtstagskinder 66
1973 als Kreuzworträtsel 69

Chinesisches Horoskop

Wer im Jahr 1973 das Licht der Welt erblickte, ist im **chinesischen Tierkreiszeichen des Büffels** geboren.

Das chinesische Sternzeichen des Büffels steht für Liebe und Respekt

Das Charakterbild der Büffel-Frau

Das chinesische Sternzeichen Büffel steht für die standhafte, traditions- und pflichtbewusste Frau. Die Büffel-Geborene zeichnet sich durch ein hohes Maß an Fleiß, Zuverlässigkeit und Kraft aus. Sie ist zuversichtlich, ruhig und geduldig, klug und sehr diszipliniert. Sie verfügt über ein überaus ehrliches Wesen, schätzt traditionelle Werte und tritt auch offen für ihre Prinzipien ein.

Dabei übernimmt sie gerne Verantwortung und setzt sich gerne für die Gesellschaft ein. Auf gesetzte Ziele arbeitet die Büffel-Frau kontinuierlich hin und erreicht diese auch mit ihrer ausgeprägten Geduld.

Sie verfügt über einen ausgeprägten Sinn für die Familie und ist sowohl eine fürsorgliche Mutter als auch eine sinnliche Geliebte. Für Sie sind Loyalität, Ehrlichkeit und Stabilität wesentliche Werte, die sie auch lebt.

Die Büffel-Frau ist treu und rücksichtsvoll und möchte ihren Liebsten das Leben angenehm gestalten. Sie ist ein weitsichtiger, geduldiger und traditioneller Familienmensch und kümmert sich liebevoll um die Familie.

Die im Zeichen des Büffels Geborene ist meist eine ausgezeichnete Hausfrau und übernimmt auch gerne die Rolle des Familienoberhauptes. Da sie stets liebevoll und treu, aufmerksam und beschützend handelt, gehört sie zu denjenigen Menschen, auf die man sich voll und ganz verlassen kann. Die im Zeichen des Büffels Geborene ist eine aufrichtige und verlässliche Freundin und lässt niemanden im Stich. Doch bis sie Vertrauen gefasst hat und sich richtig auf einen anderen Menschen einlässt, kann etwas Zeit vergehen.

Frauen, die im Jahr des Büffel geboren sind, arbeiten mit ihrer Intelligenz und Beständigkeit und können sehr gut organisieren. Dabei verfügen sie über kreatives Geschick und auch in aller Regel über einen grünen Daumen. Ihnen liegen daher künstlerische und handwerkliche Berufe.

Auf den folgenden Seiten sind Trends, Ereignisse und Geschichten angeführt, die das Geburtsjahr 1973 aus Sicht der Frau zu einem besonderen Jahr machen. Viel Spaß beim Schmunzeln und Staunen!

1973 – Ein ganz besonderes Jahr!

1973 ist ein besonderes Jahr: Bernd Clüver singt „Der Junge mit der Mundharmonika“, der Minirock beherrscht die Modewelt und Heidi Klum erblickt das Licht der Welt.

Eine spannende und amüsante Zeitreise für jede Frau, die immer schon mal wissen wollte, welche Trends in ihrem Geburtsjahr begründet wurden und welche bedeutenden Ereignisse es gab.

Ein Ereignis ist dabei ganz besonders hervorzuheben:

Das größte Highlight 1973 ist die Geburt von:

Liebes Geburtstagskind,

Deutschlands Model-Mama

Heidi Klum, am ***01.06.1973*** in Bergisch Gladbach geboren startet ihre Karriere 1992 mit der Teilnahme am Wettbewerb Model '92, der in der Late-Night-Show von *Thomas Gottschalk* veranstaltet wurde. Bei diesem Wettbewerb setzt sich die damals 19-jährige Schülerin gegen 25.000 Konkurrentinnen durch und gewinnt ihren ersten Vertrag als Fotomodell.

Der ***internationale Durchbruch*** gelingt ihr 1998 mit der Abbildung auf der Titelseite der Bademodenausgabe der US-amerikanischen Zeitschrift *„Sports Illustrated"*. Fortan ist sie auch für die Unterwäschefirma *„Victoria's Secret"* tätig, außerdem erscheint sie auf den Titelseiten von Zeitschriften wie *„Vogue"* oder *„Elle"* und wird ein international gefragtes Model und Werbegesicht. Ihren bislang größten Erfolg erzielt sie mit ihrer Castingshow ***„Germany's Next Topmodel".***

Heidi Klum hat auch immer wieder Gastauftritte in Kinofilmen und TV-Serien. So zum Beispiel im Film „Der Teufel trägt Prada" sowie in den TV-Serien „Desperate Housewives" und „How I Met Your Mother".

Miniröcke bleiben beliebt

1973 kehrt die Frau abermals zur Minimode zurück, nachdem sie Maxi, Midi und Hot pants bereits ausprobiert hatte. Vergeblich wird in Modezeitschriften dafür plädiert, stärker auf Proportionen und Beinformen zu achten.

Selbst für die Herbst- und Wintermode heißt es: *„Man zeigt wieder mehr Bein"*, wenngleich es keine Superminis mehr sind, sondern die Röcke rund 10 Zentimenter oberhalb der Knie enden.

Der Mini feiert in 1973 ein Come back, das gilt für alle Jahreszeiten – allerdings nicht Ultrakurz, sondern etwas länger.

Völlern bis zum Ende

1973 dreht *Marco Ferreri* den Skandalfilm ***„Das große Fressen“.*** Der Film ist eines der wenigen Beispiele, wo die Handlung der grenzenlosen Völlerei und des Überflusses nicht Jahrhunderte zurück in der Zeit versetzt oder in einer exotischen Welt spielt, sondern im Hier und Heute, mitten in Europa, in Frankreich.

Marco Ferreris Skandalfilm «Das grosse Fressen» ist – im Gegensatz zum hier abgebildeten und typisch historisierenden Bild – eines der wenigen Filmwerke, das die Völlerei in einen zeitgenössischen Kontext stellt.

Vier Männer, gutbürgerliche Repräsentanten der Wirtschaftswundergesellschaft, geben sich in einer abgelegenen Villa einer bespiellosen Fress- und Sexorgie hin. Sie veranstalten ein Austernwettessen, laden Prostituierte ein, die ihre makellosen Körper mit Crèmetorten beschmieren. Sie kochen und verschlingen rund um die Uhr ungeheure Mengen an Speisen. Und die vier Freunde verfolgen dabei einen perversen Plan: Sie wollen sich buchstäblich zu Tode fressen. Sie essen, nicht um zu leben, sondern um zu sterben. Selbstzerstörerisch und grotesk.

Der erste Handyanruf der Welt

Wahrscheinlich fand am 3. April 1973 auf der Sixth Avenue in Manhattan der erste Handyanruf der Welt statt. Erfinder ***Martin Cooper,*** der für den Elektronik-riesen ***Motorola*** arbeitete, rief seinen Rivalen Joel Engel vom Konkurrenten Bell Labs an, um ihm von seinem Erfolg zu unterrichten. Oder besser gesagt, um damit anzugeben.

Motorola Vicepräsident John Mitchell präsentiert stolz das neueste Produkt seiner Firma.

Das ***DynaTAC*** getaufte Handy wiegt ein Kilogramm. Cooper und seine Kollegen melden sechs Monate später ein Patent für das ***„Funktelefonsystem"*** an. In den Verkauf kommt es erst 1983, zum Preis von 4.000 Dollar, einem Viertel des durchschnittlichen amerikanischen Jahresgehalts zu jener Zeit.

DREIMAL DOPPELHERZ ...
GEBEN SIE EINE PARTY?
APOTHEKE

Exklusiv: 1973er Rezepte zum Download

Der Untertitel dieses US-Kochbuches aus dem Jahr 1973 lautet auf Deutsch in etwa:

„Eine Anleitung, wie Sie als Single-Mädchen mit Kochen den Mann an den Haken bekommen“

10 leckere Rezepte aus dem Jahr 1973 sind hier mittels QR-Code oder Link zum Downloaden:

https://bit.ly/1973er-rezepte

Das geschah 1983, als du 10 Jahre alt warst:

Glamour und Geldadel bietet der US-Serienhit „Denver Clan". Hauptfiguren sind Blake Carrington, das „Biest" Alexis und die schöne Krystle.

Michael Jackson gelingt ein Meisterwerk: Mit rund 65 Millionen verkauften Exemplaren wird „Thriller" das weltweit meistverkaufte Album.

1983 schwappt die Aerobic-Welle auf Deutschland über. Ende Juni wird Aerobic bereits von 1,5 Mio. Bundesbürgerinnen ausgeübt.

Sydne Rome gilt als Botschafterin des Aerobic in Deutschland. Ihr Buch „Aerobic. Bewegungstraining, das Spaß macht" wird zum Bestseller.

Anlaufstation zur Unendlichkeit

Am 14. Mai bringt die US-Raumfahrtsbehörde NASA die unbemannte Station ***„Skylab“*** mit einer Saturn-V-Rakete auf 430 km Höhe, wo das Labor auf einer Umlaufbahn um die Erde kreist.

Ein paar Tage später koppelt eine weitere Rakete an der Raumstation an und die Astronauten Charles Conrad, Joseph Kerwin und Paul Weitz nehmen ihren „Wohnsitz“ während ihres 28tägigen Aufenthaltes in Betrieb. Das erste Raumlabor der USA ist im Einsatz.

Die drei Besatzungen, die nach 1973 nacheinander im abgebildeten US-Raumlabor „Skylab“ arbeiten.

Mißwahl unter der Akropolis

Am 21. Juli wird *Mara Margarita Moran,* die Miß Philippinen, zu Füßen der Akropolis zur *Miß Universum* des Jahres 1973 gekürt. Überglücklich nimmt die Schönheit von ihrer Vorgängerin, der Miß Universum 1972 , Carry Ann Wells aus Neuseeland, das Diadem zum Zeichen des Sieges entgegen. Gleichzeitig mit dem Titel erhält die 19-Jährige Studentin 10.000 USD, die sie nach eigenen Angaben für den Erwerb eines Hotels verwenden will.

Die Bewerberinnen um den Titel der Miß Universum posieren auf der Athener Akropolis für die Fotografen.

Die rund 3-minütige Krönungszeremonie ist auf Youtube unter folgendem Link oder QR-Code anzusehen:

https://bit.ly/miss-universum-1973

Hauptsache 1 Woche im Süden

Die Hauptferienzeit bildet immer noch den Mittelpunkt im Erholungserlebnis vieler Bundesbürger. Bezüglich den Auslandreisen werden 1973 gleich zwei Rekorde gebrochen: Mehr als die Hälfte der Bundesbürger macht zumindest eine einwöchige Ferienreise – und mehr als die Hälfte der Urlauber zieht es ins Ausland.

Vor allem der Anteil der südeuropäischen Länder als Reiseziel steigt an: Italien, Spanien, Jugoslawien bieten Sonne, Meer und Wein und damit die Möglichkeit, die Alltag für einige Zeit zu vergessen. Diese Ziele werden trotz Staus und steigender Benzinpreise mit dem eigenen PKW angesteuert.

In 14 Tagen durch Europa. Vor allem Städte wie Venedig oder Heidelberg sind bei US-Touristen beliebt. Rund 2.000 reisen 1973 durch die Bundesrepublik.

Hippes Wohnen im Westen

1973 präsentieren sich viele bundesdeutsche Wohnzimmer als ***„Wohnlandschaft"*** in Popfarben und kuschelig, liederlicher Hippie Atmosphäre. Insbesondere finden solche Elemente eines solchen Szenarios Eingang in viele Jugendstudios.

Vor allem die jüngere Generation weiß die Vorteile der sog. Wohnlandschaften zu schätzen: Die einzelnen Sofa-Elemente lassen sich auch zu Sitzkissen auseinander nehmen und sparen so Platz in kleinen Wohnungen.

Während man sich im Westen um Modernität bemüht, wartet das Design der DDR mit dem *„kargen Charme bemühter Anständigkeit"* auf, wie es der Kulturphilosoph Gert Selle ausdrückt. Hier sind es weniger gesellschaftliche oder ästhetische Entwicklungen, die das Aussehen der Dinge bestimmen, sondern eher die Erfordernisse der zentral geplanten Bedarfsdeckungswirtschaft.

Selbstbedienung wird zum Renner

In der Gastronomie entwickelt sich ein neuer Typ von Restaurant, der zwar weniger Gemütlichkeit und Service, dafür aber große Zeitersparnis bietet. In neuen ***Schnellrestaurants*** braucht der Gast nicht mehr ungeduldig auf den Kellner und sein Essen zu warten, er selbst ist Kellner und Gast zugleich.

Jedem das Seine und das bitte möglichst schnell. An den Selbstbedienungstheken kann sich der gehetzte Gast sein eigenes Menü zusammenstellen.

An einer langen Theke ordnet er sich in die Schlange ein und komponiert dann sein Menü aus einer Vielzahl bereits fertig angerichteter Teller. Nach dem Bezahlen an der Kassa, muss er sich nur noch einen Sitzplatz erobern, bevor sein Essen erkaltet. Der erfahrene Selbstbediener weiß sich jedoch zu helfen: Er sucht sich schon vorher einen Sitzplatz und belegt ihn für alle sichtbar mit Schirm und Mantel.

Künstler erobern den Boden

Die Kunst des Jahres 1973 versteckt sich nicht mehr im Elfenbeinturm. Künstler suchen neue Wege, um ihre Arbeiten einem möglichst breiten Publikum zugänglich zu machen und Hemmschwellen abzubauen. Sie gehen mit ihren Werken in die Öffentlichkeit, direkt zu den Bürgern ihrer Stadt und malen auf Plastersteine, Mauern und Betonfassaden.

Ungläubig schauen Münchner Bürger auf das Straßenpflaster in ihrer Innenstadt. Vor ihnen auf dem Boden entsteht eine überlebensgroße Kopie von Leonardo da Vincis Gemälde der Mona Lisa.

„Kunst zum Anfassen" ist die Devise der neuerdings überall auftauchenden Pflastermaler, die mit Kreide, Köpfchen und Fingerspitzengefühl malen und sich ein Körberlgeld dazuverdienen.

SCHATZ, DU HATTEST EINEN ALBTRAUM.
KALORIEN! DA WAREN ÜBERALL KALORIEN!

Was 1973 sonst noch geschah ...

14. Februar:
Einstimmig beschließt der Schweizer Nationalrat, die Volljährigkeit von 21 auf 19 Jahre herabzusetzen. Das Gesetz tritt am 1. Juli in Kraft.

29. Mai:
Die Bevölkerung von Los Angeles wählt mit Thomas Bradley erstmals einen Farbigen zu ihrem neuen Bürgermeister. Rund 60% der Stadtbewohner sind Schwarze.

6. Juni:
Die Goldene Europa wird zum sechsten Mal verliehen. Die vom Publikum ermittelten Spitzenreiter der „Deutschen Schlagerparade" sind unter anderem: Heino, Cindy & Bert, Jürgen Marcus und Christian Anders.

20. Juni:
Der langjährige Präsident und ab 1972 Ehrenpräsident des Internationalen Olympischen Komitees (IOC), Avery Brundage, heiratet in München im Alter von 85 Jahren die 36-jährige Marian Reuß.

Heino nach einem Konzert im Jahr 1973

Was 1973 sonst noch geschah ...

30. Juni:
In den USA wird die Wehrpflicht aufgehoben. Gleichzeitig plant das Verteidigungsministerium den Aufbau einer 2,2 Mio. Mann starken Berufsarmee.

11. September:
San Marino gesteht Frauen das aktive Wahlrecht und die Übernahme finanzieller Verpflichtungen zu, die bislang Männern vorbehalten war.

12. Oktober:
53% der Bundesbürger befürworten die Einführung der gemäßigten Kleinschreibung. Dagegen sprechen sich 23% aus, 24% sind unentschieden.

6. Oktober:
24.000 Fans feiern bei zwei Konzerten in Frankfurt am Main die Rolling Stones, die nach dreijähriger Pause wieder auf Europa-Tournee sind.

Die Rolling Stones in der Festhalle Frankfurt bei ihrem ersten Konzert am 30. September 1973. Von li. nach re.: Mick Jagger, Mick Taylor and Keith Richards.

Teamarbeit statt Fließband

Autos werden weltweit am Fließband gebaut. Doch die Produktionsmethode, die ***Henry Ford*** 1913 eingeführt hatte, macht die Autos nicht nur billiger, sondern die Arbeiter auch krank. Auch wird die klassische Fließbandarbeit als monoton und abstumpfend empfunden. Die Folge: *„Die Leute verlassen uns, weil sie keine Befriedigung in ihrer Arbeit finden"*, sagte Ende 1972 der damalige Volvo-Chef Pehr G. Gyllenhammar dem „Spiegel". Den Mitarbeitern müsse der Spaß an ihrer Tätigkeit zurückgegeben werden.

Humanisierung der Arbeit: Volvo führt die Teamarbeit ein.

Der Konzern fängt an, 1973 das Fließband abzuschaffen. In einer großen, hellen Halle stehen die Rohkarosserien des Volvo 164 auf Plattformen, die sich elektrisch von Montageinsel zu Montageinsel bewegen. 15 bis 20 Männer arbeiten in einer Gruppe. Ein Team baut den Motor ein, ein anderes das Fahrwerk oder die Elektrik.

Exklusiv: original Strick-anleitung aus 1973

Kurzer Spielanzug, der aus Latzhose und Jäckchen besteht. Für 6-12 Monate. Original-Strickanleitung unten.

Die original Strickanleitung gibt es zum Ausdrucken unter diesem Link bzw. QR-Code:

https://bit.ly/Spielanzug-1973

Frauen nicht willkommen

Seit 1963 wird ***„das aktuelle sportstudio“*** als wöchentliche Sportsendung des ZDF am späten Samstagabend ausgestrahlt. Von Anfang an waren dabei ausschließlich männliche Moderatoren vorgesehen.

Am 3. Februar 1973 moderiert zum ersten Mal eine Frau „das aktuelle sportstudio“. Das überwiegend männliche Publikum tut sich jedoch mit *Carmen Thomas* schwer. Einer Frau wird die sachkundige Moderation der Samstagabendsendung nicht zugetraut.

Ihre Karriere als Sport-Moderatorin findet ein jähes Ende, als sich Carmen Thomas in einer Sendung verspricht und Schalke 04 als Schalke 05 bezeichnet.

Wer, wie, was?

Die ungleichen Freunde Ernie und Bert, der schusselige Grobi, Kermit der Frosch und das immer hungrige Krümelmonster - Millionen von Kindern sind mit den Figuren aus der *„Sesamstraße“* aufgewachsen. Die Fernsehserie ist das **erfolgreichste Kinderprogramm aller Zeiten**. Das Original kam aus den USA, hieß Sesame Street und richtete sich an sozial benachteiligte amerikanische Kinder. Der NDR erkannte das Potenzial der Serie und zog als weltweit erster Co-Produzent mit in die Sesamstraße ein.

Erni und Bert sind zwei Kult-Puppen aus der Sesamstraße.

Die 1. Folge der Sesamstraße (ARD vom 8.1.1973) gibt es unter diesem Link und QR-Code auf Youtube zum Ansehen:

https://bit.ly/sesamstrasse-1

Der Schlagerstar des Jahres

Am 20. Januar 1973 stellt ***Bernd Clüver*** in der ZDF-Hitparade das Lied ***„Der Junge mit der Mundharmonika“*** vor, mit dem ihm sein erster Nummer-eins-Hit gelingt. Es handelt sich dabei um die deutsche Coverversion des spanischen Nummer-eins-Hits *„El chico de la armónica“* von *Micky* vom März 1972. Bis 1974 verkauft sich die Single über eine Million Mal in Deutschland sowie zwei Millionen Mal weltweit.

Unten der Link bzw. QR-Code zum über 6,5 Mio Mal geklickten Youtube-Video von seinem Auftritt in der ZDF-Hitparade vom 20.01.1973

https://bit.ly/bernd-cluever-1973

Mit ***„Der kleine Prinz“*** folgt ebenfalls 1973 sein zweiter Nummer-eins-Erfolg in den deutschen Verkaufshitparaden. Beide Singles stammen aus der Feder von Peter Orloff und zählen zu den meistverkauften Schlagern sowie insgesamt zu den meistverkauften Singles in Deutschland.

Ein Märchenroman erobert die jungen Leser

1973 erscheint der Roman *„Momo"* von Michael Ende. Der Titel bezeichnet die Hauptperson, der Untertitel lautet: *„Die seltsame Geschichte von den Zeit-Dieben und von dem Kind, das den Menschen die gestohlene Zeit zurückbrachte."*

Der Roman spielt in einer Großstadt in Südeuropa in der modernen Zeit. Es soll absichtlich nicht deutlich werden, ob die Handlung schon geschehen ist oder noch geschehen wird. Im Roman kämpft das kleine Mädchen Momo gegen eine Übermacht von Zeitdieben, die grauen Herren. Diese Mächte des Bösen rauben den Menschen ihre Lebenszeit und damit die Freude am Leben. Mit persönlichem Mut und der Hilfe guter Mächte gelingt es Momo die grauen Herren zu vernichten.

Michael Ende`s Märchen gilt auch heute noch in vielen Schulen als Pflichtlektüre.

Das Buch ist mit weltweit über sieben Millionen verkauften Exemplaren nach der *„Unendlichen Geschichte"* das erfolgreichste Werk von Michael Ende. Schließlich wird „Momo" 1974 mit dem Deutschen Jugendbuchpreis ausgezeichnet.

HABT IHR BEIDEN NOCH SEX?
ICH SCHON.

Netzausbau schreitet voran

Die Deutsche Bundesbahn führt den City-D-Zug (DC) ein. Der DC soll eine schnelle und komfortable Anbindung auch kleinerer Städte an das IC-Netz sicherstellen.

Mit dem Ausbau der Städteverbindungen bemüht sich die Bundesbahn, vor allem Geschäftsleute als neue Kunden zu gewinnen. Service und Innenausstattung der Züge wurden verbessert, Anschlussverbindungen eingerichtet bzw. ausgebaut.

Die Deutsche Bundesbahn macht in Anzeigen und auf Plakaten auf ihr ausgebautes Intercity-Netz aufmerksam, das seit kurzem durch den City-D-Zug (DC) ergänzt wird.

Königliche Hochzeit live im TV

Am 14.11. geben sich in der Westminster Abbey geben sich die 23-jährige ***Prinzessin Anne,*** Tochter der britischen Königin Elisabeth II., und der 24-jährige Hauptmann ***Mark Phillips*** das Ja-Wort.

Die weltweite Fernseh-Direktübertragung der Hochzeit wird schätzungsweise von 500 Millionen Menschen gesehen. Den Weg des Hochzeitszugs säumen rund 45.000 Menschen, die teils stundenlange Wartezeiten in Kauf genommen haben, um einen Blick auf das Brautpaar zu erhaschen.

Vor dem Aufbruch in die Flitterwochen präsentiert sich das frischvermählte Paar mit der königlichen Familie den Foto-grafen für das offizielle Hochzeitsbild.

Exzentrisch funktionale Möbel

Bei Möbeln signalisieren die modernen Materialien Schaumstoff und Plastik Wandelbarkeit und Anpassung an individuelle Wohnwünsche.

Der Star-Designer ***Luigi Colani*** – ein Berliner mit italienischem Namen sagt über seine Arbeit: *„Im Mittelpunkt meiner Überlegungen stehen der Mensch und seine Bewegungsbedürfnisse.“* Seine Möbel sehen oft extrentrisch aus, bleiben jedoch immer funktional.

Seit Anfang der 70er Jahre lebt Colani auf Schloß Harkotten in Sassenberg bei Rheda, seine Kinderbadewanne (re.) wird in Serie produziert.

Werbung mit Stars und Irritationen

Zu den konventionellen Werbemethoden gehört 1973 das Werben mit Prominenten. Viele Menschen identifizieren sich mit Vorbildern aus Politik, Wirtschaft, Kunst und Kultur und sind überzeugt, dass deren Handlungen richtig sind. Dabei gibt es zwischen Prominenten und Produkt oft keinerlei Zusammenhang.

Eine Frau löscht ihren „Männerdurst" mit dem „richtigen" Bier. Verstöße gegen Sehgewohnheiten und Überraschungseffekte gehören zu den beliebten Strategien der Werbemanager.

Fernsehspiel über Luftverschmutzung

„Smog“ ein Fernsehspiel über die katastrophalen Folgen der Luftverschmutzung im Ruhrgebiet, das der Westdeutsche Rundfunk ausstrahlt, sorgt für großes Aufsehen. Der Film wurde ausschließlich für das Fernsehen produziert. Viele Zuschauer hielten die Pseudo-Dokumentation für real und riefen während der Ausstrahlung am 15. April 1973 besorgt beim Fernsehsender WDR an.

Szenenbild aus „Smog“, die Ausstrahlung löst eine heftige Kontroverse über die Gefahren der Luftverschmutzung aus.

Der Fernsehfilm ist in neun Teilen auf Youtube zu sehen. Hier der Link bzw. QR-Code zu Teil 1:

https://bit.ly/smog-1973

7 Minuten Nacht statt Tag

Am 30.6. kann in Südamerika und Zentralafrika ein seltenes Naturereignis beobachtet werden. Der Mond schiebt sich am Tag vor die Sonne und verdeckt sie sieben Minuten lang. Es ist die ***längste Sonnenfinsternis*** im Lauf des 20. Jahrhunderts.

(li.) Noch erstrahlt die Sonne in vollem Glanz. (m.) Der Mond beginnt sich vor die Sonne zu schieben. (re.) Die Sonne erscheint als Sichel.

Eine Sonnenfinsternis kommt immer dann zustande, wenn die Erde ihre größte Entfernung von der Sonne erreicht, so dass die Sonne verhältnismäßig klein wirkt. Gleichzeitig befindet sich der Mond in Erdnähe und erscheint verglichen mit der Sonne übermäßig groß. So verdunkelt im Vorbeiziehen die Mondscheibe die Sonne völlig. Ein solches Naturereignis wird sich in dieser Länge erst im Jahr 2150 wiederholen.

Jazz-Legenden in Berlin

Am 1. November eröffnet der Trompeter ***Miles Davis*** mit einem umjubelten Konzert die Berliner Jazz-Tage. An vier aufeinanderfolgenden Tagen spielen andere zahlreiche Jazz-Größen wie ***Duke Ellington*** und ***B.B. King*** in ausverkauften Häusern.

Nach Jahren der Stagnation erlebt der Jazz eine weltweite Renaissance. Die Schallplatten-Konzerne reagieren mit einer Erweiterung ihres Jazz-Programms.

Im Bild B.B. King mit Band. Seine Initialen bedeuten „Blues Boy". Sein eigentlicher Vorname ist Riley. Er gehört zu den besten Blues-Gitarristen. Mit seinen zahlreichen Schallplatten beeinflusst der 47-Jährige eine ganze Generation von Musikern, u.a. den Rockgitarristen Eric Clapton, der offen zugibt, King zu kopieren.

Solarenergie für den Privathaushalt

1973 wird *„Solar one"*, ein erstes, fast vollständig durch Solarenergie versorgtes Haus, an der Universität von Delaware fertiggestellt.

Die Sonnenkollektoren des „Solar one" decken 80% des Energiebedarfs.

Die Klimaanlage und alle Elektrogeräte des nach Plänen von K.W. Boer erbauten 130 m^2 großen Gebäudes arbeiten mit Solarenergie, die in solarelektrischen Wandlerplatten auf dem Dach gewonnen wird.

Daneben sorgen Solarwärmesammler (Kollektoren) für Raumheizung und die Warmwassererzeugung. Insgesamt deckt die Sonnenenergie in „Solar one" 80% des Energiebedarfs.

Komet entdeckt und fotografiert

Zwei Astronauten der US-amerikanischen Raumstation *„Skylab“* fotografieren bei einem Ausflug in den Weltraum den Kometen ***Kohoutek.*** Der am 18. März 1973 von dem tschecholowakischen Astronomen Ljubos Kohoutek entdeckte Himmelskörper besitzt entgegen den Erwartungen der Wissenschaftler nur eine geringe Helligkeit.

Die Illustrierte „stern“ vom 6. Dez. beteiligt sich am großen Rätselraten um den geheimnisvollen „Weihnachtsstern“: Der Komet Kohoutek ist entgegen den Voraussagen und zur Enttäuschung vieler von der Erde aus nicht zu erkennen.

Kometen gehören wegen ihres sporadischen Auftretens und unterschiedlichen Aussehens zu den geheimnisumwitterterstem Himmelkörpern. Im Laufe der Jahrhunderte hatten Kometen in der Bevölkerung immer wieder Furcht und Besorgnis ausgelöst.

Größtes Einkaufszentrum

Am 1. März wird an der Stadtgrenze zu Essen das *Rhein-Ruhr-Zentrum (RRZ),* eines der größten Einkaufszentren der BRD eröffnet. Das auf zwei Ebenen angelegte und vollständig überdachte 51.000 m² große Einkaufsparadies beherbergt 96 Einzelhandelsbetriebe, darunter ein Dutzend Restaurants, Eis-Cafes, Schnellgaststätten, eine Diskothek sowie mehrere Dienstleistungsbetriebe.

Geräumig und vollklimatisiert: Ein neuartiges Kauferlebnis verspricht das RRZ.

Das in 22-monatiger Bauzeit errichtete RRZ trägt insbesondere den motorisierten Kunden Rechnung. Ein Areal von 4.400 kostenlosen Parkplätzen, die vom Zentrum bequem zu erreichen sind, stehen den Kunden zur Verfügung.

Wohngemeinschaft statt Familie

Nach der „wilden Zeit“ der ersten Kommunen in den 60er Jahren wird die Wohngemeinschaft im Jahr 1973 vor allem als praktische und ökonomische Form des Zusammenlebens verstanden.

Die insbesondere bei Studenten beliebte Wohnform wird dabei nicht mehr in erster Linie als politisches Projekt geplant, sondern die WG`s bilden sich recht spontan. Dabei verfolgen sie nur in den seltensten Fällen ein theoretisches Konzept über das „richtige Zusammenleben“.

Blick in die Küche einer Wohngemeinschaft. Immer mehr junge Leute versuchen, aus der bürgerlichen Enge der Kleinfamilie auszubrechen und experimentieren mit neuen Lebensformen. Ersatz für das traditionelle Familienleben bietet die Gemeinschaft mit Gleichgesinnten.

Exklusiv: Vintage Pelzkappe zum Selbermachen

Vintage 1973

Diese Pelzkappe aus dem Winter 1972/73 ist zum Selbernähen.
Den Schnitt gibt es unten zum Download.

Hier der QR-Code und Link zum Schnitt für die Pelzkappe:

https://bit.ly/pelzkappe-1973

Schwedens neuer König

Karl XVI. Gustav wird als neuer König von Schweden vereidigt. Er tritt die Nachfolge seines am 15. September im Alter von 90 Jahren verstorbenen Großvaters Gustav VI. Adolf an. Der 27 Jahre alte Karl XVI. möchte wie sein Großvater nicht in die Staatsführung eingreifen und unterstützt eine Verfassungsreform, die seine Rechte und Pflichten auf repräsentative Aufgaben beschränken soll.

Am 19. September 1973 erfolgt die Krönung des neuen Königs von Schweden.

Ein zweimütiges Youtube-Video zeigt die Krönung.
Hier der Link bzw. QR-Code dazu:

https://bit.ly/kroenung-1973

Ein Leben mit den Gänsen

Er gilt als der Begründer der modernen Verhaltensforschung. ***Konrad Lorenz.*** Er studierte Medizin und Zoologie und übernahm 1961 die Leitung des Max-Planck-Instituts für Verhaltensphysiologie. Einen Schwerpunkt seiner Arbeit bildet die Erforschung instinktivem Verhaltens, das er insbesondere an Graugänsen untersucht. 1973 erhält er den ***Nobelpreis*** für Physiologie.

Leben mit den Graugänsen. Konrad Lorenz versteht es, seine wissenschaftichen Erkenntnisse auch einem breiten Publikum zugänglich zu machen.

Durch mehrere packend geschriebene Bücher hat Lorenz über die Fachwelt hinaus große Popularität erlangt. 1973 erscheint der Band *„Die acht Todsünden der zivilisierten Menschheit"*, in dem Lorenz vor der Bevölkerungsexplosion warnt und einen pfleglichen Umgang mit der Natur fordert. Große Beachtung fand auch die 1963 veröffentlichte Untersuchung *„Das sogenannte Böse. Zur Naturgeschichte der Agression."*

Gegen Sexualkunde-Unterricht

Inhalt und Form des Sexualkunde-Unterrichts an bundesdeutschen Schulen geben 1973 zunehmend Anlass zu Auseinandersetzungen. Insbesondere katholische Elternverbände, unterstützt von Kirchenvertretern, protestieren gegen eine, ihrer Ansicht nach zu freizügige Aufklärung der Kinder über Liebe und Sexualität.

Jugendlichen ist 1973 Information über Sexualität frei zugänglich.

In manchen Schulbüchern würden Familie und eheliche Treue, so die Kritik, nicht mehr deutlich genug als ethische Grundlagen der menschlichen Sexualität vermittelt.

Teufelsaustreibung in Hollywood

Bereits kurze Zeit nach seiner Uraufführung wird der Film *„Der Exorzist"* einer der bisher größten Kinoerfolge. Regisseur William Friedkin beschreibt, wie die vom Teufel besessene Tochter einer Schauspielerin durch Exorzismus geheilt wird. Das Mädchen wird von der 12-jährigen Linda Blair gespielt.

Die Exorzisten im Kampf gegen den Satan.

Friedkin inszeniert ein solches Ausmaß von Brutalität und Schockeffekten, dass Psychologen junge Menschen vor dem Besuch des Films warnen.

ICH HABE PETER BEIM HOLZHACKEN GEHOLFEN, DAMIT ER MIR DEN BEAMER LEIHT ... UND DU KOMMST MIT „VOM WINDE VERWEHT"?!
GUTE FILME BRAUCHEN KEINE FARBEN.

Weniger Alkohol im Auto

1,5 Promille ist die erste Marke, die der Bundesgerichtshof 1953 setzt. Bestraft werden alkoholisierte Autofahrer, aber nur, wenn sie einen Unfall verursachen.

Am 14. Juni 1973 beschließt der Bundestag die ***0,8-Promillegrenze.*** Es gilt: Wer von der Polizei mit einem Alkoholspiegel zwischen 0,8 und 1,29 Promille angetroffen wird, begeht eine Ordnungswidrigkeit. Es drohen Geldbußen von bis zu 3.000 Mark und ein Fahrverbot von bis zu drei Monaten. Von 1,3 Promille an aufwärts liegt nun ein Straftatbestand vor. Wer so viel Alkohol im Blut hat, wird juristisch als absolut fahruntüchtig eingestuft. Es droht eine Freiheitsstrafe bis zu einem Jahr oder eine Geldstrafe bis zu 10.000 Mark.

1973 wird die Promillegrenze herabgesetzt. Autofahrern droht ab einer Blutalkoholkonzentration von 0,8 Promille (bisher 1,3) der Führerscheinentzug.

Das geschah 1993, als du 20 Jahre alt warst:

*Der Song „ I will always love you" ist Whitney Houstons größter Hit und geht 1993 durch die Decke. Er wurde schon über **1,2 Milliarden Mal** auf Youtube aufgerufen.*

https://bit.ly/whitney-superhit

„Traumhochzeit" mit Moderatorin Linda de Mol wird 1993 zum TV-Quotenhit.

Nelson Mandela und Frederik Willem de Klerk erhalten den Friedensnobelpreis 1993 für ihren Einsatz gegen die Apartheid in Südafrika.

Fremde Früchte auf dem Vormarsch

„Weg von der schweren deutschen Hausmannskost", lautet weiterhin das Credo der Bundesbürger. Das Jahr 1973 zeichnet sich dabei besonders durch folgende Trends aus: Leicht und möglichst exotisch soll der neue Speiseplan aussehen und das Kochen muss schnell und einfach zu bewerkstelligen sein.

Die Neugier auf exotische Früchte- und Gemüsesorten wird auch von den Großimporteuren gefördert, die immer neue Genüsse aus fernen Ländern „frisch auf den Tisch" liefern. Das neue Fruchtangebot wird dankend angenommen, da es die heimische Ernährungspalette bereichert und es ermöglicht, exotisch zu kochen.

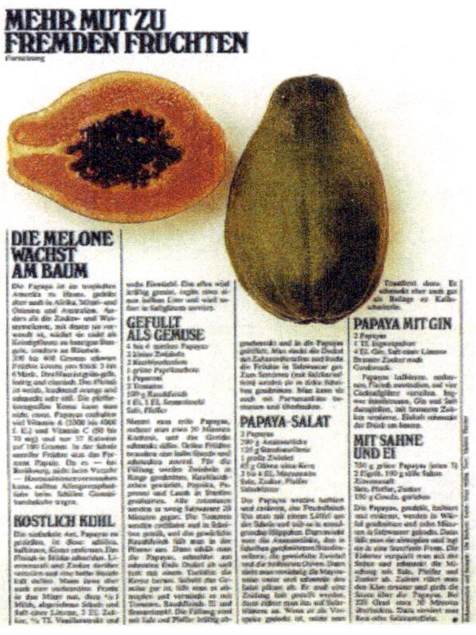

Neu auf dem bundesdeutschen Markt sind z.B. die Papaya, die Mango, die Passionsfrucht, die Aubergine oder die Avocado. Viele Zeitschriften und Kochbücher bemühen sich, das exotische Obst ihren Lesern vorzustellen.

Leckere Avocado-Rezepte zum Download

Aus den USA kommt der Trend zu speziellen Avocado-Kochbüchern.

Neun leckere Avocado Rezepte aus den 70er Jahren gibt es hier mittels QR-Code oder Link zum Downloaden:

https://bit.ly/avocado-70er

Start einer deutschen Kultserie

Die Anti-Familienserie *„Ein Herz und eine Seele"* von Wolfgang Menge läuft im Dritten Programm des WDR mit Riesenerfolg. Alfred Tetzlaff, die Verkörperung des Spießbürgers, wettert gegen „Sozis", Ausländer und den Verfall der guten Sitten. Verbale Ausfälle gegen Tochter und Schwiegersohn, deren politische Haltung und Lebenswandel gegen den Strich gehen, sind an der Tagesordnung. Auch Ehefrau Else hat nichts zu lachen, um so mehr dafür die Zuschauer, vielleicht manchmal sogar über sich selbst.

Ekel Alfred (Heinz Schubert, 3. v.l.) mit Schwiegersohn (Diether Krebs), Else (Elisabeth Wiedemann, 2. v. l.) und Tochter (Hildegard Krekel).

Die Folge „Erntedankfest" vom 1.10.1973 ist auf Youtube unter folgenden Link bzw. QR-Code zu sehen:

https://bit.ly/serie-1973

Vorbeugen ist besser als Heulen

Unter diesem Motto starten die Jugendzeitschrift BRAVO und die Kölner Bundeszentrale für gesundheitliche Aufklärung eine Serie zum Thema *Empfängnisregelung* für junge Paare.

So schützen junge Männer ihre Partnerin vor einer Schwangerschaft

35 Prozent der Jungen unter 17 und 30 Prozent der Mädchen haben schon intime Beziehungen zu einem Partner. Und auch das ergaben Untersuchungen: Rund 30 Prozent der Mädchen, die heiraten, „weil sie ein Kind bekommen", sind unter 20 Jahren und damit nach Meinung der Psychologen oft zu jung für eine Familiengründung. Die hohen Scheidungs-Quoten bei „Muß-Ehen" gibt den Psychologen recht.

Wenn ein Junge und ein Mädchen miteinander schlafen wollen, dann ist das Kondom (Präservativ) am besten, denn Kondome sind einfach und sicher in der Anwendung und werden nur bei Bedarf angewendet. Später gibt es auch andere Verhütungsmittel, z.B. die Pille.

Das Kondom schützt auch vor Geschlechtskrankheiten (Tripper).

Dass das Thema Empfängnisverhütung nicht allein Sache der Frau ist, macht diese Werbebroschüre für Kondome deutlich.

Im Bundesdurchschnitt haben ein Drittel der Jungen und Mädchen unter 17 Jahren eine intime Beziehung, viele von ihnen wissen aber nur wenig über die Empfängnisverhütung.

Empfängnisverhütung geht immer beide Partner an: So wird die Anwendung eines Kondoms ebenso anschaulich dargestellt wie die Benutzung chemischer oder mechanischer Mittel.

SIE IST BEI BEWUSSTSEIN, ABER SIE WILL NICHT SAGEN WIE ALT SIE IST.

Trimm Dich fit

1973 rufen Ärzteschaft und Krankenkassen zur Teilnahme an ***Fitnessprogrammen*** auf, die den Körper in Schwung bringen und gleichzeitig Spaß machen sollen. Grund dafür ist die hohe Zahl an Herz- und Kreislauferkrankungen, insbesondere Herzinfarkt und Schlaganfall.

Schuld an den meisten Herz- und Kreislauferkrankungen ist eine ungesunde Lebensweise. Vor allem Bewegungsmangel, Nikotin, Alkohol und fettreiche Ernährung erhöhen das Risiko beträchtlich.

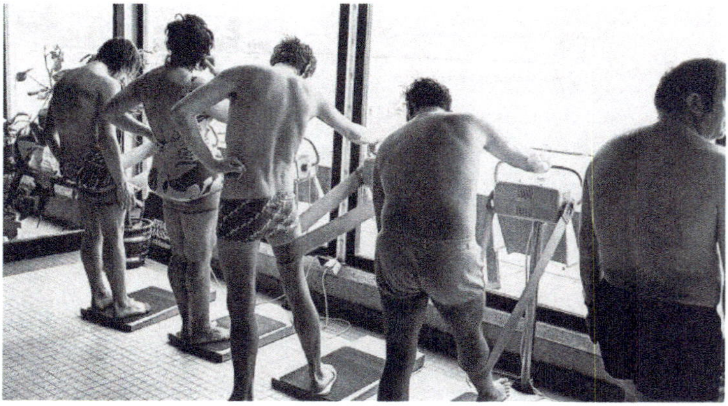

Das „Activariuim" in Herne bietet „Trimm-Dich-Geräte", Sauna, Solarium und Wellenbad.

Umstrittener Friedensnobelpreis

Die Verleihung des Friedensnobelpreises von 1973 gilt nicht als Ruhmesblatt in der Geschichte dieses Preises. Er wurde vergeben als Anerkennung für diplomatische Bemühungen in einem Krieg, der noch nicht beendet war.

Am 16. Oktober 1973 bekommen ***Henry Kissinger*** und ***Le Duc Tho*** den Nobelpreis *„für ihre Bemühungen um die offizielle Beendigung des Vietnamkriegs"* zugesprochen. Aus Sicherheitsgründen nahm *Kissinger* die Auszeichnung nicht persönlich in Empfang. *Le Duc Tho* lehnte den Preis ab.

Henry A. Kissinger (l.), Berater des amerikanischen Präsidenten Richard Nixon, und der Gründer der Nationalen Front für die Befreiung Vietnams und Führer Nordvietnams, Le Duc Tho, erhalten den Nobelpreis 1973 für die Herbeiführung eines Waffenstillstands im Vietnamkrieg. Le Duc Tho nahm den Preis schließlich nicht entgegen, Kissinger gab ihn später zurück.

Schicke Maschen für jede Jahreszeit

Pullover und Pollunder gibt es für jede Jahreszeit. Für Herbst und Winter setzt sich in dieser Modesaison die Farbe Bordeauxrot durch, die sich gut mit dem klassischen Kamelton kombinieren lässt.

Sonnenpullis mit „holderneck", selbstgestrickt aus Angora oder Noppengarn.

Pullover und Pullover in der neuen Modefarbe Bordeauxrot.

Für die heißen Tage sind rückenfreie Modelle angesagt. Als Materialien sind für den Sommer Kombinationen z.B. von Angora, Baumwolle und Noppengarn aktuell, an kühleren Tagen werden Tweed oder Acryl getragen.

Literatur-Jahresbestseller 1973

Seit Oktober 1962 erscheint unter dem Namen *„Bücherspiegel“* die Bestsellerliste des *„Spiegel“*. Sie setzt sich als Standard durch und der Titel **„SPIEGEL-Bestseller“** ist auch heute noch eine begehrte Auszeichnung.

SPIEGEL-Jahresbestsellerliste von 1973

Belletristik

1.	Droemer	Bamm: Eines Menschen Zeit
2.	Piper	Forsyth: Die Akte Odessa
3.	Droemer	Simmel: Die Antwort kennt nur der Wind
4.	Herbig	Finck: Alter Narr, was nun?
5.	Herbig	Fernau: Frühling in Florenz
6.	Diogenes	Loriot: Heile Welt
7.	Molden	Charrière: Banco
8.	HoCa	Lenz: Das Vorbild
9.	Langen-Müller	Kishon: Kein Applaus für Podmanitzki
10.	Langen-Müller	Kishon: Salomos Urteil zweite Instanz

Auf Platz drei der SPIEGEL-Jahresbeststellerliste 1973:

„Die Antwort kennt nur der Wind“ von Johannes Mario Simmel

Zum Inhalt: Rätselhaftes und Unheimliches, aber auch das Wunder der übermächtigen Liebe zweier Menschen geschieht in der paradiesisch schönen Landschaft der Côte d'Azur: zwei Liebende und ein halbes Dutzend der Mächtigsten dieser Erde sind verstrickt in ein Netzwerk von Leidenschaft und Verbrechen, aus dem es keinen Ausweg mehr zu geben scheint.

Download: Mütze und Schal aus 1973

Die original Häkelanleitung zu dieser Mütze (Kopfweite 54 cm) und zum Schal (18 x 120 cm) dem Jahr 1973 gibt es hier zum Download.

https://bit.ly/haekelanleitung-1973

Eklat bei Oscar-Verleihung

Bei der 45. Verleihung des Oscars erlebt das internationale Filmpublikum eine Überraschung. Der Hauptdarsteller des mit drei Oscars ausgezeichneten Films *„Der Pate"*, ***Marlon Brando,*** verweigert die Annahme der Statuette. An seiner Stelle tritt die Sioux-Indianerin *„Kleine Feder"* auf das Podium und begründet das Nichterscheinen des Filmstars.

Brando will mit seiner Verweigerung öffentlich gegen die diskriminierende Darstellung von Indianern in US-Filmen protestieren. Brando, der schon 1952 einen Preis der renommierten Filmakademie ablehnte, brüskiert die internationale Filmszene damit zum zweiten Mal.

Littlefeather kommt in traditioneller Apache-Kleidung und Mokassins auf die Bühne und sorgt mit einer 60 Sekunden langen Rede für Furore.

Lebenssinn in obskuren Sekten

Religiöse Gemeinschaften und Sekten haben 1973 großen Zulauf. Vor allem Jugendliche lassen sich auf der Suche nach Halt und Zielen für ihr künftiges Leben von Heilsversprechungen der verschiedenen religiösen Führer sowie dem Leben in einer festgefügten Gemeinschaft zum Beitritt in eine Sekte verleiten.

Die Versenkung ins Gebet und die Hoffnung, die endgültigen Wahrheiten zu finden: Jugendliche bei einem Treffen der Jesus-Bewegung in Herne.

Die in der BRD vertretenen Jugendsekten geben zumeist vor, die Lehren einer ostasiatischen Philosophie zu verbreiten. Besonderen Zulauf in diesem Jahr verzeichnen die Mun-Sekte, die Scientology Church, Children of God, Transzendentale Meditaion sowie die Hare-Krischna-Bewegung.

Hits des Jahres 1973

Deutsche Jahrescharts 1973

1. *Goodbye My Love Goodbye* von Demis Roussos
2. *Get Down* von Gilbert O'Sullivan
3. *Mama Loo* von Les Humphries Singers
4. *Der Junge mit der Mundharmonika* von Bernd Clüver
5. *Der kleine Prinz* von Bernd Clüver
6. *Can The Can* von Suzi Quatro
7. *Block Buster!* von Sweet
8. *Bianca* von Freddy Beck
9. *Rote Rosen* von Freddy Breck
10. *Hell Raiser* von Sweet

Der Mainstream-Musiksound ist auch 1973 wesentlich von den englischsprachigen Hits der *„Les Humphries Singers"* geprägt. In dieser Zeit ist die bis zu 16 Mitglieder starke, multiethnische, als hippie-bunter Pop-Gospel-Chor auftretende Gesangsgruppe in deutschen Radios und im Fernsehen geradezu dauerpräsent.

Hier der Link bzw. QR-Code zum über 1,2 Mio. Mal geklickten Youtube-Video von *„Mama Loo"* in der ZDF-Disco vom 03.02.1973.

https://bit.ly/mama-loo-1973

Göttliches Treffen im Vatikan

Der ***Dalai-Lama,*** das geistliche und weltliche Oberhaupt der Tibeter, wird von ***Papst Paul VI.*** in Privataudienz empfangen. Nach dem Gespräch erklärt der Papst, er hoffe, dass die Begegnung zur „gegenseitigen Liebe und Achtung unter den Anhängern verschiedener Religionen beitragen werde".

Herzliche Begrüßung zwischen Papst Paul VI. un dem 14. Dalai-Lama im Vatikan.

Der Dalai-Lama ist nach buddhisthischer Lehre eine sich stets erneuernde Inkarnation des Bodhisattwa Awalokiteschwara. Die jeweiligen Dalai-Lamas werden von Mönchen aufgrund von Offenbarungswissen bereits im Kleinkindalter aufgespürt und inthronisiert.

Die beliebtesten Vornamen

Folgende Vornamen sind im Jahr 1973 am beliebtesten:

Mädchen:

1. Nicole
2. Sandra
3. Stefanie
4. Tanja
5. Daniela
6. Claudia
7. Anja
8. Katrin
9. Melanie
10. Andrea

Jungen:

1. Michael
2. Markus
3. Thomas
4. Stefan
5. Matthias
6. Andreas
7. Christian
8. Oliver
9. Sven
10. Alexander

Interessante Preise 1973

Bier/0,5L	0,74 DM
Brot/kg	1,69 DM
Butter/kg	8,04 DM
Eier/Stück	0,23 DM
Milch/L	0,90 DM
Rindfleisch/kg	8,06 DM
Schwein/kg	9,79 DM
Zucker/kg	1,30 DM
Kartoffeln/kg	0,60 DM
Mehl/kg	1,07 DM

Prominente Geburtstagskinder

Folgende prominente ErdenbürgerInnen erblicken 1973 das Licht der Welt:

10. März: Eva Herzigová
tschechisches Supermodel

5. April: Pharrell Williams
US-Sänger

22. April: Max Herre
deutscher Singer-Songwriter

1. Juni: Heidi Klum
Deutsches Topmodel

3. Mai:
Rea Garvey
irisch-deutscher Sänger

20. Juli: Haakon, Kronprinz von Norwegen

12. September:
Paul Walker
US-Schauspieler

13. September:
Fabio Cannavaro
ital. Fußballer

2. Dezember:
Monica Seles
US- Tennisspielerin

NEIN, FRAU MÜLLER, EINGEHENDE E-MAILS WERDEN NICHT ABGESTEMPELT.

1973 als Kreuzworträtsel

1. Deutsches Supermodel; 2. Erfolgreichste Kindersendung; 3. Nachname deutscher Schlagerstar; 4. Erfolgreicher Jugendroman; 5. Nachname Schwedischer König; 6. Horrorfilmklassiker; 7. Beliebtester Mädchenname; 8. Kleidungsstück; 9. Chin. Tierkreiszeichen; 10. Ereignis, das so erst wieder 2150 eintritt; 11. Nachname Friedensnobelpreisträger; 12. Hauptdarsteller in „Der Pate"; 13. Exotische Frucht.

Lösung Kreuzworträtsel

1. Heidiklum; 2. Sesamstrasse; 3. Cluever; 4. Momo; 5. Gustav; 6. Exorzist; 7. Nicole; 8. Minirock; 9. Bueffel; 10. Sonnenfinsternis; 11. Kissinger; 12. Marlonbrando; 13. Avocado

Bildverzeichnis und Links

alamy; bigstock; canto; gettyimages; okapia; pixxio; pixabay; shutterstock; stokpic. Trotz größter Sorgfalt konnten die Urheber nicht in allen Fällen ermittelt werden. Es wird gegebenenfalls um Mitteilung gebeten.

Wir bitten um Verständnis, dass wir keinen Einfluss darauf haben, wie lange die externen Links (z.B. Youtube-Videos) abrufbar sind. Es besteht keinerlei wirtschaftliche oder sonstige Verbindung zu eventuell eingespielter Werbung vor den Videos. Cartoons: Nadja Kühnlieb

Impressum

Autorin: Nadja Kühnlieb

www.verlagmensch.com / info@verlagmensch.com
Dr. Roman Feßler LL.M.
6900 Bregenz - Österreich, Bregenzer Straße 64
Umschlaggestaltung: Ingeborg Helzle Grafikdesign
Covermotiv: Alamy

1. Auflage 2023

In der Serie Geburtstagsbücher für Frauen sind erschienen:

In der Serie Geburtstagsbücher für Männer sind erschienen:

Alle Jahrgänge enthalten Download-Material zum jeweiligen Geburtsjahr.
Alle Geburtstagsbücher sind exklusiv auf Amazon erhältlich.

Psychologische Ratgeber

Dr. Beate Guldenschuh-Feßler

Jeden Tag glücklich!

Positive Psychologie für mehr Glück & Lebensfreude

Exklusiv auf Amazon.
Der Link zum Buch:
bit.ly/Jeden-Tag-glücklich

Auf 425 Seiten erhalten Sie 199 Praxistipps und Übungen von der erfahrenen Diplom-Psychologin und Verhaltenstherapeutin zur Erhöhung Ihres persönlichen Glückniveaus.

Dr. Beate Guldenschuh-Feßler

Glaubenssätze

Ihre persönliche Formel für mehr Glück und Erfolg. Inklusive 2.000 Affirmationen

Der Link zum Buch:
bit.ly/Buch-Glaubenssätze

Identifizieren Sie Ihre einschränkenden Glaubenssätze und erfahren Sie, wie Sie mit positiven Affirmationen glücklicher und erfolgreicher werden.

Dr. Beate Guldenschuh-Feßler

Das große Tagebuch der Dankbarkeit

Studien beweisen, dass ein Dankbarkeitstagebuch unser Glücksniveau steigern und Geist und Körper positiv beeinflussen kann.

Der Link zum Buch:
bit.ly/dankbares-leben

Neben ausreichend Platz für Ihre Tagebucheintragungen erhalten Sie psychologisches Hintergrundwissen, Tipps und Übungen zum Thema Dankbarkeit.

Dr. Beate Guldenschuh-Feßler

Grimms Märchen für mehr Selbstbewusstsein, Mut & Hilfsbereitschaft

11 Tugenden zur Persönlichkeitsentwicklung psychologisch aufbereitet.

Der Link zum Kinderbuch:
https://amzn.to/3N5GaQh

Vermitteln Sie anhand von Grimms Märchen Werte, die für Kinder von besonderer Bedeutung sind. Mit Ausmalbildern und Hörbuch für Kinder ab 4 Jahren.